LA DIÁSPORA IBEROAMERICANA

POEMAS Y REFLEXIONES

Editorial Hispana USA

EDITORIAL HISPANA

ESTADOS UNIDOS DE AMÉRICA

Publicación realizada por: www.editorialhispana.net

ISBN-13: 979-8364667434

Prólogo

La Diáspora Iberoamericana es un compendio de poemas dedicado a los migrantes. Se refleja, a través de cada verso, el sentimiento de amor, compasión y sentimientos hacia los migrantes. Se pueden sentir sus pasos cansados por largas travesías, su respiración entrecortada y sus lágrimas por la partida de su tierra. También el agradecimiento cuando han sido recibidos en tierras extrañas y bendicen esa tierra por permitirles quedarse. Así mismo se siente la tristeza cuando son tratados de manera discriminativa menoscabando su dignidad como ser humano.

Se palpa la frustración por las familias, padres e hijos desfallecidos a la vera de los ríos fronterizos.

Este libro es una obra de coraje que expresa el sentir de los migrantes quienes, como las Diásporas de las mariposas, vuelan en la búsqueda de mejores horizontes. Lo que los migrantes quieren es que los dejen alcanzar una vida mejor y a veces solo se les permita sobrevivir, porque aman la vida y, en su tránsito por alcanzarla, a veces encuentran lo opuesto.

Editorial Hispana USA

POEMAS

DIÁSPORA
IBEROAMERICANA

ADOLFO AJA RUBIO

Nació en La Habana, Cuba en 1950. Profesor de la Enseñanza Elemental y media superior en la disciplina de Geografía. Durante varios años ocupó el cargo de dirección en diferentes Estamentos de Educación.

Siempre tuve inquietud por la palabra escrita y tras mi jubilación comencé a escribir poesías.

Hace cuatro años he sido partícipe del quehacer de varios grupos poéticos y he tenido satisfacción de recibir diplomas, reconocimientos y difusión radial.

Cito La Analogía del VI Festival Internacional

Arte Ahora.

Homenaje a Gustavo Adolfo Bécquer.

Antología de Relato y Poesía para proteger la naturaleza.

El ave de mí país, una antología poética, Cuando la Madre es Flor, Antologías Poéticas convocadas por Ernesto R. Del Valle.

MI HIJO

Mi hijo escogió un camino,
se ha alejado de mi lado,
el sólo ha atravesado,
el continente Sudamericano

He reído !
He llorado!
He rezado !
No he dormido!

Mi alma siempre a su lado,
en la peligrosa travesía,
volamos juntos los mares,
navegamos por el río,
y pasamos las fronteras.

Solo quien quiere de corazón,
sabe el significado del amor,
que se siente por un hijo,
si se quiere de verdad.

Como lo quiero yo,
no existe distancia,
donde el amor,
no pueda llegar.

TÚ ME DIJISTE ADIÓS

Tú me dijiste adiós
ambos sabemos
que el viaje es sin regreso
y aunque llevas poco equipaje
al otro lado del mundo te has ido.

Aun sabiendo
que marchar a tu lado
no puedo.
¡Soy feliz!!
Porque has logrado
ese sueño anhelado.

Mi ego se marchó
aunque te quiero con la vida
Y si juntos no pudiéramos estar
solo deseo saber
que has triunfado
que te sientes realizado
aunque duela vivir alejado.

ELÍAS ANTONIO ALMADA

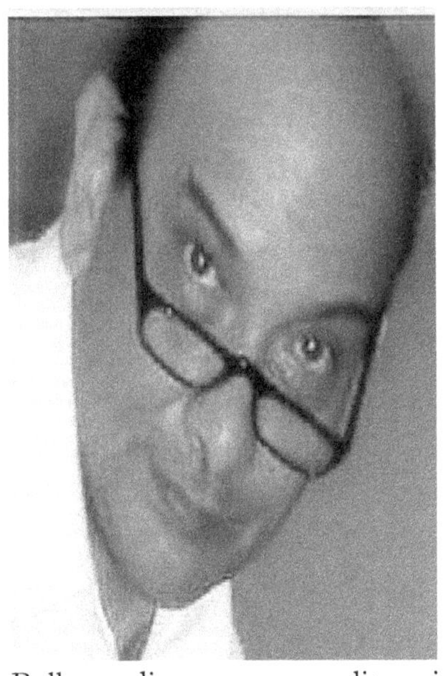

Poeta y escritor argentino con participación en más 100 antologías en Ebooks, y libros en papel en Argentina, Chile, Bolivia, Venezuela, Brasil, Perú, México, Puerto Rico, Nicaragua y España.

Miembro de: Poetas del Mundo, Unión Hispano mundial de Escritores, Sociedad Venezolana de Arte, Parnassus Patria de Artistas, Bellas Artes Bellas, y diversos grupos literarios de Facebook.

Representante en la provincia de Ente Ríos de G.E.P.A.N. Con Participación en diversos encuentros de poetas, escritores, de Educación y de Historia, entre los que se destacan el congreso de Educación del Norte y Norte Grande en La Banda, Santiago del Estero y el de historia Militar en el regimiento de Granaderos a Caballos Gral., San Martin, escolta presidencia, ambos en años 2012 y el congreso Mundial de al Unión Hispanomundial de Escritores en Buenos Aires 2018l. Embajador del Día de la palabra y del Idioma Español del Museo de la Palabra de Madrid. Publicando en revistas y otros medios gráficos, como así también orales de España. Rumania, y Argentina. Edito su primer libro, aun no presentado, este año.

RUMBO A LA NADA

Barca de sueños sin futuro
se mece sobre el agitado mar
mientras el sonido del motor
intenta hacer olvidar al de las balas,
se arropan entre si las vidas
de quienes huyen del espanto
palpitan a ateridos en el alba
sus corazones ahogados,
estruja su alma el llanto
por ver apagadas sus estrellas
van hacia un futuro vacío
donde saben…. que los espera la nada.

UN VIAJE A LA LIBERTAD

Rubias melenas al viento
lentamente cruzan el océano
montados sus sueños en un vapor,
sacuden sus almas azules olas
y los bañan espumas blancas,
a sus espaldas, una primavera sin florecer
en el horizonte, un nuevo amanecer,
un amarillo de frio invierno
cambian por un verde de suelo cálido
tras los vientos del Atlántico,
girasoles en sus manos viene a ofrecer
al futuro por nacer,
un rio que no es un rio, manso aguarda
espejo de nacientes alegría,
ese "cielo azul que viaja"
al que Zampayo cantara
acaricia a su nueva patria,
bienvenidas de la Cruz del sur y Lucero
desde lo alto del cielo,
y un puerto de palmeras
donde la libertad espera,
desde la nieve al tierno follaje
la esperanza empuja el viaje
mientras una tímida alborada acuna a San Javier.

ILUSIONES PERDIDAS

De un lado
a otro
de una orilla del río
a la otra
de este lado de la montaña
al otro
si hasta parece un juego
de sencillas palabras
sin sentido alguno
sin embargo
son imágenes contrastantes
del dolor del migrante
que deambula sin destino
sin patria ni consuelo
vida dolorosa y errante
despatriado y trashumante
donde una o gaza de pan
y una raída cobija
cobran inconmensurable valor
al mitigar el dolor
de una vida sin norte
perdiéndose en el horizonte
la lágrima de despedida.

MORAIMA ALMEIDA ESCALONA

Escritora nacida en Yaritagua estado Yaracuy, Venezuela. Estudió educación y desarrollo comunitario. Se dedica a la promoción cultural, el teatro y la escritura. Ha participado en varias antologías poéticas, narrativas y ensayos. Miembro De La Asociación De Escritores De Yaracuy Miembro De La Asociación De Escritores De Yaritagua (Asopey).

Autora De
"Por Los Rincones De Yaracuy", Iacey 2002
El Tiempo De La Rosa Azul. Editorial El Perro Y La Rana. 2015
Antología Poética "La Aurora Del Verso" Icey, 2016
Antología Poética "Aves De Papel Surcan El Cielo De Todos Los Tiempos" Icey, 2017
Antología Poética Raíces De Una Misma Tierra, Allicante, España, 2018
Periódico Digital Imagen Cultural
Publicaciones En Prensa Local Y Estadal.

DUELE

Las calles vacías duelen;
llegan los recuerdos y miras hacia adentro,
solo hay silencio.
Las ventanas polvorientas denotan la ausencia de sus
dueños;
Los perros hambrientos deambulan despacio y sin
fuerza,
sus ojos se iluminan al sentir el sol.
El hambre es sonora,
las tripas resuenan, su amo no está.
Llega la vecina ayudar con bondad,
la silla vacía anuncia el lugar
de un padre ausente remando en el mar.
Porque no duelen las calles silentes de nuestra ciudad.
Lo que duele es el hambre.
Las calles vacías esperando el andar
de sus habitantes que buscan otro lugar
donde echar raíces dejando su mundo atrás.

TEMO

*Temo acostumbrarme a la calma de la soledad
vespertina,
de no percibir el olor de la nostalgia de la viejecita
que vio partir a sus hijos hace mucho tiempo atrás.
Temo aceptar que mis vecinos no están
y sus ventanas me devuelven la mirada encogida de
hombros
intentando resistir al azote del polvo y luego,
a los golpes del viento del invierno.
Temo no recordar la mesa del estudio repleta de papeles
y colores pasteles,
mezclando tus proyectos con los míos.
Algunas tardes saben a melancolía
pues los juguetes quedaron en el piso de la casa
contigua,
ahora polvorientos, trayendo consigo recuerdos sonoros
del tren de vagones cargado de legos.
Temo estar triste pensando que me extrañas,
que tienes frío en una nueva ciudad.
Temo que no retornes a mis brazos y no volver a tocar tu
cabello,
ni tus manos con cariño de mamá.
Temo, pero tus triunfos me confortan,
sabiendo que lograrás,
los sueños que en tu propia patria
jamás podrás alcanzar.*

TE EXTRAÑO

Es difícil estar sin ti
con el tiempo avanzando;
los días parecen largos,
las horas se hacen eternas.
El tren se estaciona,
te busco entre la gente
y siento una pena
pues tu ausencia se hace presente.
Me voy cabizbaja,
mirando las baldosas rotas
de la vieja estación;
me dirijo al correo
a preguntar por si acaso
un paquete esté guardado.
Mis ilusiones se esfuman
por no encontrarte, ni verte.
No entiendo…
Qué hice para que te alejaras,
si aún conservo en mis labios
el beso de amor que me dabas.
Solo quisiera saber
Dónde estás…
Por qué no vienes.

DOLORES CHANG

Nace en Santiago de Cuba. Cuba Universitaria. Licenciada en Cultura Física. Docente en la Especialidad de Educación Física. Jubilada. Reside actualmente en Miami. Florida.

Amante de las Letras desde temprana edad. Autodidacta. Miembro de la Editorial Hispana US desde 2018.

Ha participado en las Antologías Poéticas: Te Amo, Cuba Poética, Mi Madre es una rosa. Mi Padre es un Clavel. Y en proyecto su Poemario   "Pinceladas de Amor para el alma".
Escritor Oro. Y representativo de la Generación Literaria de la Diáspora.

SU VIEJA RAÍZ

*Te fuiste de tu tierra
te moviste entre personas diferentes a las tuyas: alegres,
divertidas y contentas,
fueron cambiadas un día
por unas: secas y hoscas y otras; muy frías*

*Te hiciste acompañar por la soledad, la falta de respeto,
la humillación,
las vejaciones y hasta por la discriminación,
porque al igual que otros extranjeros emigrados
en otras tierras
eras considerada como corderito
encajada en enjambre de hormigas y abejas.*

*Melancolías eternas
Nostalgias incalculables
Sufrimientos en reversa
Llantos en silencio. Lágrimas a cuesta
Y con el más mínimo recuerdo del lugar
donde naciste, y viviste al calor del hogar.*

*Momentos de una etapa de tu vida
en donde perdiste muchas cosas, mas no, la dignidad
La que, con valor esfuerzo y mucho empeño
logró levantarte día a día y, cada vez más.*

Elevaste tu autoestima, caída en demasía
llegaste a la colina, subiste hasta la cima
y tu crecer material y espiritual
te convirtieron en una migrante única, genuina y especial
Bondadosa, divina y feliz,
que se propuso cambiar un día cualquiera,
el color y el brillo, de su vieja raíz.

¡BENDECIDA Y AMADA!

Fuiste valiente. Valiente y osada
al irte hacia otro derrotero
por un sendero complicado y diferente
o mucho más próspero y claro,
que ninguna otra vía nunca imaginada.

Todo en ti quedó en pedazos
luego que te fuiste de tu tierra
Llenando tu vida de múltiples espacios
Y dejando otros muchos, vacíos en espera.

Soñando unas veces que te ibas
y muchas otras, regresando
Con el pensar, el corazón y las ideas
en los recuerdos destrozados en miles de pedazos.

Tus raíces no querían sembrarse en otras tierras
querían ser libres en su propia claridad
En la belleza de su cielo
En su alta Serranía
En el Amor de su gente
y en el calor de su pueblo.

En el tricolor de su Ave y su bandera
en la paz de su manigua
en las blancas alas en vuelo
de su Mariposa de suelo.

Fuiste valiente. Valiente y muy osada
cuando te fuiste un día de tu tierra
con la fe de que algo nuevo te aventara
a un mejor universo de libertad y privilegios
Cuando decidiste irte valiente y osada
de tu país y de tu pueblo
El Universo de Dios te recibió:

¡Bendecida y amada!

CAMBIEMOS EL SITIO

Vive por tus sueños
Y por tus proyectos
Lucha por lograrlos. Mientras queda tiempo
para que no sientas arrepentimiento
de no haberlo intentado o no haberlo hecho.

Despliega tus alas batiendo el viento
Oportunidades, tú y yo, tenemos.
¡Vente conmigo! Hacia el Universo
en trayecto juntos olvidando el tiempo
y unidos viviendo mejores momentos.

Cambiemos el sitio donde un día nacimos
en donde las raíces se estaban muriendo
donde cosas malas se estaban viviendo
La existencia: trunca
La esperanza: fantasías y ensueños.

¡Vente conmigo! Decídete ya.
Qué se haga el destino en otro lugar
Al cambio no temas
Ni a las transformaciones
cualquier cosa buena, pudiese pasar

Y, sí por fortuna, logramos llegar
Gratitud demostremos al poder estar
Porque un lindo día, nos abrirán los brazos
y cómo buenos migrantes, nos acogerán.

CLEO GORDOA DE LA TEJERA

Nació en la ciudad de San Luis Potosí, hija primogénita, de familia muy vasta y conservadora.

Radicada en San Luis de la Paz, Gto., desde el año de 1976

Realizó estudios en contextos muy diversos, lo cual sirvió como base para formarse en lo que ahora es su personalidad. Su temperamento rebelde la ha caracterizado en los ámbitos donde transita, pero sin perder jamás el espíritu de solidaridad.

Educada entre una multiplicidad de personajes familiares que dejaron su huella impresa en ella, la han formado como todos la conocen, ambivalente, con un carácter recio, firme, fuerte y decidido, pero con la delicadeza, creatividad, imaginación, sensibilidad y capacidad de asombro que tienen los creadores.

OBRA   12 libros (9 li8bros de poemas y 3 de cuentos infantiles

60 Antologías colectivas

PROMOTORA CULTURAL INDEPENDIENTE,

Coordinadora del proyecto "EL RESCATE DE VALORES A TRAVÉS DE LA CONVIVENCIA FAMILIAR"

NO PUDE

*(Para Aylan Kurdi, niño kurdo-sirio de tres años, de
Cleo Gordoa)*

*Pude haber hecho para ti
un mundo de sabores y fantasías,
juegos con sabor a chocolate,
cielos cuajados de arcoíris
y sueños interminables.*

*Pude jugar contigo
entre las estrellas y la luna,
llenar tus libretas de caricias,
contarte cuentos todas las noches
y abrazarte con el alma.*

*Pude formar para ti
un carrusel infinito,
llevarte a volar en globo,
navegar con los piratas
y cubrirte de esperanzas.*

*Pero solo pude regalarte
el camino hacia la libertad,
llevar tu inocencia a la muerte
y perderte allá en el mar.*

Ya no jugaremos juntos,
ni alcanzaremos los sueños,
tú ya estás en otra parte
y jamás regresarás.
Yo seguiré en la locura
y me sentiré culpable,
de no haber podido
llevarte a ese mundo ideal.

Con todo mi amor…tu papá

PARA ELLOS, LOS QUE NO LLEGARON

*Y ahí quedaron sus sueños
tendidos sobre las aguas,
abrazados a la muerte
se perdieron en la nada.*

*Y todas las risas y juegos de entonces
se fueron con ellos en el horizonte,
ya no habrá promesas de una nueva vida,
ya no habrá motivos, ya no tienen alas.*

*Y allá a la deriva se ha quedado ella
con toda su angustia y su desconsuelo
y todo su llanto será insuficiente,
quedó muerta en vida y sin sus razones.*

*Esa su esperanza se fue con el viento
y toda su vida terminó ese día.*

MIGUEL FAJARDO KOREA

(Costa Rica, 1956). Licenciado en español, lingüística y Literatura. Académico emérito Universidad Nacional de Costa Rica.

*Premio Nacional de Educación. Autor de 25 libros. Sus libros "**Comienza la palabra**" (2018) y "**Nunca como ahora**" (2019), abordan la inmigración.*

EL PECHO EN OTRA ORILLA

*La barcaza de los navegantes
en la soledad de lo infinito,
la catedral en el cerrado mar
de la nostalgia.
La que traigo confinada
en la sed extraña de las migraciones,
cuando éramos ternura sin daño,
sombra en marcha, detrás de las velas,
en los extramuros del golpe,
en el cuerpo flagelado de las palabras.
Las vallas son dureza,
memorias que hablan,
al cerrarse para siempre,
mar adentro, solos,
como si el río discurriera abierto,
hacia el destino de la fragua,
en peregrinación suicida.
El cielo vive y reconoce
la palabra poder,
roca tigre cuando la política migratoria
te destierra a cualquier país.
Todos dan miedo en el rumor de las astillas,
en la mitad del llanto acongojante.
Ahora sabemos que la casa
quedó desolada, sin inquilinos,
envejeciéndose, en un país inmenso,
con el pecho final en otra orilla,
y el nombre en los registros de la mujer migrada.
Muchas fronteras cierran la solidaridad.*

TENDRÁN QUE ABRIRSE OTROS UNIVERSOS

Los pasos renegridos asaltan el muro
del abordaje en las bandadas.
Todo duele, de modo imperceptible,
en la traición de la memoria.
Los secretos bucaneros de la tragedia
al contemplar las imágenes
sin atreverse a morir.
Tendrán que abrir otros universos.
Algún día caerán las banderas
y la iniquidad de los sistemas
de lejanas cicatrices.
No habrá crónicas de obediencia
ante la ferocidad de la distancia
que no conozca la sombra del perdón.
Los tigres balbucean en avalancha
una sed de apoyo contra los perseguidos,
frente al precipicio del muro,
donde los guerreros extrañan
las ráfagas crujientes de la ira.
Acaso llegaron al país equivocado
en el antejardín de la insania,
donde acumulan detenciones arbitrarias.
Un solo rostro para aprender
que el peregrinaje duele sin destino,
al otro lado de la vida,
como ilegales,
sin dejar de ser personas.

TE ASOMASTE A VER LA TRAVESÍA

Hay corazas en la dignidad,
no debes indagar esas miradas,
ellas contienen ecos
del regreso en cada norte.
El mar o la arena;
la tierra o el fuego,
el bien o el mal.
La libertad o el naufragio,
cada interior como un mugido
contra los tropiezos.
No hay ventanas,
pero te asomaste a ver la travesía
de las caravanas de migrantes,
quienes chocarán
contra el muro de la indignidad
para no dejarlos llegar a su destino.
Habrá estacas en llamas, sacos de arena,
fusiles apuntándolos: la deshumanización
de su sueño amenazado.
Ellos se atrevieron a llegar itinerantes
hasta la tierra prometida.
No hay nada. Algunos cantan serenatas
en el quejido sin resplandores.
El río no los traiciona en su corriente.
Les abre paso, los empuja en su travesía.
Allí los esperan
heridas ocultas no publicitadas:
el espacio viral en las redes de la desgracia.

ORELIA FLORES VÁZQUEZ

México.

Gestor cultural en la Fundación Mixtecatl A. C (Flechador del Sol)

Miembro del club Migrante Espejo (México Estados Unidos) se empeña en la gestión cultural.

He publicado en la revista literaria Virtual Guatiní Fundada y dirigida por el poeta cubano_ estadounidense Ernesto Rodríguez del Valle, creador de la estructura poética neoclásica, el Decineto.

Embajadora cultural en Guanajuato: Espacio Cultural Reencuentro Literario con la Colpa Española, fundada en 1991-Mosaico Literario Republica Central de Uruguay.

*Escribe en el periódico sin censura Región Sur, del estado de Guanajuato.

*A participado en eventos diferentes recitando poesías

*A participado en antologías

*Participa en radio cita con luna

*Reconocida a nivel internacional, entre los mejores cien escritores de Iberoamerica y El Caribe, por Editorial Hispana USA.

POR ESTE CAMINO ANDAMOS

A lo lejos se ve un tornasol
figuras y espejos brillantes
las nubes con suave arrebol
Fulgurando cual diamantes.

Brillo muerto por segundos
como la voz sin palabras
en quejidos moribundos
de condiciones macabras.

Abres sus ojos llorosos
ese cuerpo en agonía
de su vida tormentosos
con su ardiente valentía.

Un nuevo mundo es posible
hay que luchar por los sueños,
nosotros somos los dueños
de la verdad invisible,
y tal vez creo es preferible
que comencemos ahora,
estamos a buena hora
que no es antes ni después,
siempre existen los porqués,
cada vez que el mundo llora.

La tierra y mundo imploran
muchos cambios de conciencia,
es necesaria la ciencia
los hechos lo corroboran,
cuando las cosas empeoran
se vulneran los humanos,
todos hay que asir las manos
juntos contra la tormenta,
que en nada nos desalienta
si podemos ser hermanos.

MANUEL IBARRA

Escritor nacido en Venezuela, ha publicado varios libros de cuentos entre los que están: El Mágico Mundo de los Cuentos Infantiles. Ha recibido varios premios en certámenes culturales y educativos.

Participa en varios grupos literarios On line.
Ha recibido muchos premios por su narrativa, inclusive en Relatos Cortos de Cine.

CAMINANTE Y SU DESTINO

Aquellos seres que marchan
Con rumbo desconocido
Dejan atrás lo vivido
Sin saber por lo que luchan
Quizás muy pocos se duchan
No hay tiempo para detalles
Se ven desiertas las calles
Y el camino es tan incierto
Apura el paso Roberto
La noche se acerca a los Valles.

El caminante ve lejos
La meta por alcanzar
Se esfuerza por avanzar
Aunque sus pies no son tejos
Hasta perdió los anteojos
Lo cual dificulta el paso
En la frente lleva un laso
La saliva moja el diente
Resaca del aguardiente
Que soporta el latigazo.

RECORRIENDO ESOS CAMINOS

Con la maleta en el hombro
Infortunios, ni les nombro
Añorando aquellos vinos.

La mirada en el destino
Buscando tiempos mejores
Olvidando viejos rencores
Saludando al buen vecino.

El sol arrecia en el cielo
El hombre sigue avanzando
Espera llegar al riachuelo.

La fuerza se va agotando
Argumento un hechicero
El, muy triste está llorando.

SOLO QUEDARON TUS HUELLAS

Sobre la arena del mar
sus lágrimas han de regar
el camino que tú dejas
no solo es cuestión de quejas
duele vivir sin tu amor
quien calmara este dolor
si has preferido marchar
para nunca regresar
al lado de Nicanor.

Te adoró con gran pasión
con idolatría tal vez
no quisiera ser el juez
que siente por ti, compasión
siento una gran emoción
de solo escuchar tu voz
una jovencita precoz
hoy una hermosa mujer
la cual quiero retener
de una manera veloz.

FELIPE DE JESÚS LEGORRETA LEVY

Nació en CDMEX, desde muy joven se aficionó a la poesía clásica, ha escrito los poemarios: Caricias de Viento, Ángel o Mujer mi Compañera, Ensayos de Poesía Clásica 1,2,3,4. Humanidad infierno o Paraíso y 315 sonetos de Felipe de Jesús. Ha participado en antologías de México, España, Italia, India. Es Moderador del foro literario Mundo. Poesía. (Experimentación poética).

FRONTERA
(SONETO ALEJANDRINO)

Soy ave que traspasa tus débiles fronteras,
soy viento acariciante que vuela al infinito,
las olas que se mecen de mar siempre bendito
sin detener mi paso tus vallas y barreras.

Tú, mísero mortal, que vives en quimeras
te ves como un señor cual ricachón maldito,
de donde habrás sacado ese pensar marchito
para pensar que un dios tú eres por tus fieras.

Eriges zendo muro para cortar mi paso,
no sabes que mi andar no existe quien lo pare,
si es alta la fachada yo siempre la traspaso.

Por más que tú lo niegues yo tengo quien me ampare
le llaman persistencia donde muere el fracaso
y a esta voluntad no habrá quien se compare.

VANESSA RICHARD

Actualmente es Representante de Editorial Hispana. Escribe artículos para revistas en Estados Unidos. Sus libros publicados son: Febrero Bisiesto. Step by Step.

Cantos y Bailes Infantiles.

Entre otras publicaciones, su obra controversial es: Las Mujeres no Van al Infierno.

Ha obtenido premios y reconocimientos del Congreso en Atlanta y Florida. USA.

VESTIDA DE ROSA

*Vestida de rosa
tan inocente ibas con tu padre,
llena de ilusión, llena de gloria.
Caminaron un buen trecho
hasta llegar a un rio…
Río que oculta la ominosa
secuela de la muerte,
destrucción de sueños
e ilusiones y a la vez esperanzas.
Ella tan niña, tan pequeña
El rio estaba furioso
y atacó a traición.
El mar inmenso, bravo,
furioso, luego la calma llegó.
pero el rio siguió golpeando
la orilla con dos almas
inertes, tu padre enlutado su ropa
y tú, pequeñita, vestida de rosa.
Se ven tan débiles frente a ese
río de muerte
y de temperamento bravío.
Se ha portado egoísta y no quieren que naveguen
en sus fluviales de espanto.
Se ven tan débiles como la inocencia,
como las mariposas querían volar alto;
pero un cruel destino arrebató a una madre,
sus más preciados tesoros,
esos que no se compran con oro.*

Ahora una madre llora y enloquecida
va buscando a sus seres queridos
por todos los ríos que pasa,
mesados sus cabellos, descalza transita
¡Rio Grande, devuélveme a mis amores!
Ellos son míos, son mi vida
no te los lleves contigo.
Solo en su mente recuerda que
su niña, su pequeñita va vestida de rosa
y su esposo lleva enlutada la ropa.
El rio no responde, el silencio no hizo ruido
porque sus huellas se hundieron en la arena.
Una voz del cielo grita:
La sangre de los héroes no es estéril;
es un rio desbordante que fecunda.
Ahora están conmigo, y desde aquí
me ayudan a buscar en la corriente
aquel destello que fulguró en los ojos de los
desamparados, su sangre, su vida
renueva la conciencia de los pueblos.
No es fácil decir adiós, pensaré que estás dormida
y velaré tus sueños con esta fotografía
que está tomada en sus últimos hálitos de vida.

AVE MIGRANTE

Despliega tus alas
al viento
Alcanza la altura
del tiempo
Alza tus sueños
al cielo
Zurca entre nubes
tu anhelo
Realiza, ave migrante,
tu deseo ferviente.

LA NIÑA DEL RIO GRANDE

Vagando encontré a una niña,
lloraba con gran desconsuelo
pensaba que su osito Darío
se había perdido en el rio.

Su padre al escuchar el lamento,
le dijo: espera… yo iré a traerlo;
pero ¡Oh! El Rio está bravo
y cual grande empujó a lo
profundo al padre, y la niña
se fue llorando a la orilla del rio,
al no ver a su papá, ni a su osito
se metió al río a buscar a ambos.

El rio se conmovió, lo que nunca
había hecho: a la orilla los devolvió.
intactos sus cuerpos; pero el frio,
otro elemento cruel no les
dejó continuar con sus vidas.

MOISÉS VIVANCO

Moisés Jorquera Vivanco, Vive en Chile, comuna de Quillota.

Desde niño le gustó la literatura, participando en diferentes concursos de poesía, a nivel local regional y nacional.

Con el tiempo, colaboró en letras para canciones para algunos músicos de la zona, obteniendo un segundo lugar con el poema "HABÍA IMAGINADO". Del concurso Poesía en música, Siempre fue compatibilizando su trabajo con la poesía.

En el año 2008, junto a varios autores, participó del libro digital del portal Memoria Chilena ¿QUIÉN FUERA…? PIPIROPOS SELECCIONADOS.

Sus letras son parte de la vida, Historias robadas de momentos que se quedarán para siempre guardadas en estos poemas.

Miembro de Agrupación Literaria ALIRE y Chile País de Poetas y embajador Cultural de Chile país de poetas, se ha publicado poema en Ediciones Bellas Letras (México), Escritores Eleuterios Mundiales. En sus antologías; 1.500, Amistad, Anthos Leguin, La Tierra, Poquitas Palabras.

Antologías Alfredo Asís; Detrás de la puerta; Mil poemas a la Paz y la Felicidad de la Humanidad; Nicaragua, detente; Aborto; Eros Ticum; Familia; Insólito

SIN BANDERAS

Las calles se han llenado de pasos y voces,
de gentes que reclama por no estar contentos.
Abrazando las esperanzas de un mejor mañana
sin que los gobernantes oigan en sus escondites
las palabras de esperanzas por un mejor mañana.

Es la vida que ha cambiado, no lo comprenden,
dictar leyes con más represión no es la solución.
Las calles y las voces van aumentando
con las miradas en desesperanzas porque nada ha
cambiado.

Los colores de las palabras no llevan banderas,
porque ellos se han escondido junto a sus miradas
dibujando esperanzas que aún no llegan.
Discutiendo entre lacrimógenas y destellos
de los balines que rompen los ojos sin silencios.

Duermen los que gobiernan, reprimiendo
sin importarles sus conciencias.
Disturbios se apoderan desde las fuerzas
para acallar las voces, mientras la televisión
criminaliza cada paso de los oprimidos sin banderas.

No son rojos, no son amarillos.
Son personas que en estos treinta años
les han robado hasta la alegría.
Los expertos aun no comprenden, que no son
alienígenas,
no son extranjeros, menos comunistas sin velos.
Son los mismos que han sufrido cada cuatro años,
sin comprender a los sentados en sus cómodos asientos.
Deciden que es mucho cuando solo es un peso.

*Caminan los que quieren, con sus gritos en las
gargantas,
rompiendo los equilibrios a los de manos manchadas.
Sin decaer continúan marchando, a pesar que se dictan
leyes,
para aún seguir reprimiendo a los sin banderas
que llenan las calles con sus esperanzas y sus gritos, sin
vencerlas.*

Del Libro " Ahora" Registro de Propiedad Intelectual
(Moise vivanco) Chile

JESÚS ZARAZÚA

Escritor y profesor nacido en San José Iturbide, Guanajuato. México.
Ha participado en:
"El vino. Una historia que se cuenta a tragos".
"Espiral Viajero"
Guadalajara México

Compilador de: "Leyendas de San José Iturbide.
Autor de:
"Donde habitan los murmullos".
"Imaginando Aprenderé".

Además, ha participado en diversas antologías a nivel local e internacional, obteniendo diplomas, premios y reconocimientos.

SOÑAR LA FRONTERA

Voy buscando la frontera
la cruzaré como ilegal
mi sueño es como cualquiera
es mi vida mejorar
pero tengo un problema
es que soy menor de edad

Quiero cruzar del otro lado
y encontrarme con papá
con un pollero me han dejado
para que me ayude a cruzar
mi mamá quedó llorando
no se puede consolar

Lo han pasado en las noticias
y lo han vuelto a pasar
en el desierto ha muerto un niño
que no ha logrado cruzar
este sueño lo ha matado
ya no volverá a soñar.

ILEGAL

*"Nadie es ilegal
Solo indocumentado"
Yo sólo quiero volver a mi casa
pisar mi suelo, vivir con mi raza.*

*Porque quiero una vida nueva
en mi patria y con mi gente
en esta tierra nada soy
en este suelo muy solo estoy
en esta tierra soy ilegal
en este suelo soy ilegal.*

*Yo sólo quiero volver a México
en este suelo estoy sufriendo
en esta tierra estoy muriendo
por eso quiero volver a casa
pisar mi suelo, vivir con mi raza.*

*Soy ilegal, soy ilegal
en esta tierra soy ilegal
Por eso quiero volver a casa
pisar mi suelo, vivir con mi raza.*

VIVA NUESTRA DIGNIDAD

Nuestra vida ha quedado
al momento de cruzar
nuestros sueños nos trajeron
no nos vamos a rajar.

El sudor se ha quedado
en el campo y la ciudad
hemos siempre trabajado
sólo para mejorar
no lo vamos a dejar
viva nuestra dignidad.

Nuestros sueños nos trajeron
sólo para mejorar
brincaremos ese muro
no dejamos de soñar.

REFLEXIONES
DIÁSPORA
IBEROAMERICANA

ROCÍO PRIETO VALDIVIA

Escritora, promotora de lectura imparte talleres infantiles y juveniles de escritura, lectura y arte.

Desde 2002 imparte talleres en escuelas públicas y privadas. Trabajando de manera altruista en escuelas de zonas marginadas o en condición de diversidad.

Creadora del método de lectoescritura en la escuela secundaria #54 del municipio de Ensenada para niños con capacidades diversas en 2016- 2017 hasta la fecha.

Creadora del proyecto introducción al arte y la lectura 2013 hasta la fecha. Atiendo a más de 200 niños al día durante 3 días a la semana.

Creadora y tallerista en el colectivo literario la gatita roja taller de lectoescritura en la secundaria #54

Ha publicado en revistas locales e internacionales. Como Monolito, La Piraña, Histeria.

Ganadora del certamen Amores mitológicos de Ciudad del Carmen Campeche.

Con su cuento Jusnai y el navegante en 2018.

TIJUANA Y SUS AMANECERES LLENOS DE SUEÑOS

Deambulan por catedral aquellos truncados castillos, príncipes con hollín en el rostro y los zapatos rotos.
¿Dónde quedaron incrustados los parajes fantásticos, las viandas inimaginables?
El corcel dorado hacia la felicidad pende en una cruz.
Los huesos de Juan, Miguel o Pedro yacen en el desierto.
El American Dream se grita frente al santísimo en el corazón de la ciudad del hombre con alas.
Ticuan, La tía Juana, o Tijuana tiene amaneceres truncados de miles sueños.

WASHINGTON SANDOVAL GESSLER

Escritor chileno, actualmente residente de Viña del Mar, Washington Sandoval Gessler, hoy de noventa y cinco años, obtuvo el primer lugar en el concurso organizado por la Editorial Hispana, de Estados Unidos, el primer lugar en la designación de su novela "Mi primo Down, camino de Esperanza" como el Libro de Oro de escritores iberoamericanos y de El Caribe, en que participaron más de 2.300 libros finalistas. La elección se hizo por votación directa de los propios lectores de ese sector geográfico. En su obra Sandoval Gessler se refiere a un niño de doce años, que padeciendo de ese síndrome y gracias al apoyo de su familia y a esfuerzo y sacrificio propio, alcanza todas sus metas y según él mismo lo dice: siempre de nosotros los que padecemos de alguna discapacidad se nos habla de compasión, sinónimo de lástima, pero yo jamás necesite de compasión, porque ésta más hunde al discapacitado, sino que, de aliento, que me ayudó a cumplir todas mis metas propuestas. El autor de esta novela ha escrito y publicado durante los dos años de pandemia seis libros, sus tres novelas, la mencionada que logró ese galardón. En la actualidad está preparando el que podría ser su séptimo libro, con título provisorio ·"Viva mi Centenario", edad que anhelo alcanzar, siempre que la muerte antes no me pise los talones, como nos dice jocosamente. -

LOS MIGRANTES

En la vida, desde que nacemos,
todos somos migrantes,
unos por huir de tiranías,
otros para huir de sí mismos;
pero el problema es más grave
para quienes huyen por hambre,
por no tener el pan para sus hijos;
acepto a todos los migrantes
en especial a aquellos que huyen
por sus ideas o pensamientos,
esa es -para mí-, la migración
más doliente,
pues a buscar afuera el surco
para sembrar en él sus buenas ideas.
El migrante debe respetar
el lugar nuevo al que llega,
convertirse en un buen ciudadano,
y así dejará de ser migrante,
para ser uno más en la mesa familiar
que lo acoge.

LUISA ZERBO

De Comodoro Rivadavia, Chubut.

Actualmente residente en Río Gallegos, Santa Cruz.

Autora de los Proyectos: "El Despertador" Declarado de Interés Municipal Res. 20/09/18 Honorable Concejo Deliberante de Río Gallegos y" Letras Itinerantes" Declarado de Interés Cultural mediante Resolución N-° 15 del día 10 de mayo de 2018 por el Honorable Concejo Deliberante de Puerto Santa Cruz.

Autora de Tres libros: "La Vida y Sus Misterios" Poesía (Declarado de interés Municipal Res. Del 16/10/14).

"Desde La Estepa", Cuentos y "Bien Al Sur, El Zorro y El Paisano", Novela corta patagónica.

Declarados de Interés Municipal mediante resolución: 143 del día 16/05/19

Ganadora de múltiples premios a la poesía y narrativa.

Integrante del "Movimiento Poético del ´17" "Poetas de La Esperanza" (Madrid)

Editorial Hispana USA: Diploma por ser parte de LAS MEJORES 100 ESCRITORAS DE IBEROAMERICA Y EL CARIBE 2020-2021.

EMIGRACIONES

Se dispersa la sociedad
No encuentra contención en su patria.
Cruzan fronteras escapando de dictaduras o
Políticos corruptos.
Pretenden someterlos a un castigo de aislamiento
Haciendo culpar a grandes potencias.
Cuba con sus balseros:
Esquivando tiburones en el caribe hasta llegar al destino.
Venezolanos: escapan a una dictadura caprichosa y corrupta,
Llegando a zonas muy alejadas buscando un futuro en familia.
Chilenos: muchos años y sobre todo en dictadura han sido contenidos por sus hermanos de Argentina.
Ahora ellos nos abren sus puertas para quienes deseen radicarse a causa de la corrupción que acecha sin permitir el crecimiento social.
Muchos argentinos, cansados de la corrupción, abandonan los sueños de una gran nación, emprendiendo el viaje hacia tierras ancestrales.
Vecinos hijos y nietos de inmigrantes regresan a Europa y así... continuar una vida saludable perdida aquí en su tierra natal.
Vuelven a España, suiza, Italia, como escape de la injusticia, falta de cultura y trabajo, inseguridad, la cual azota a la sociedad argentina.
Se viven tiempos de suma tristeza y dolor al ver padres despidiendo familias completas que huyen de este flagelo.

ÍNDICE